Juristen!

Cartoons von Tim Oliver Feicke

Jetzt gehörst du auch zu „denen"!

LAPPAN

Die Lechner's

Tim Oliver Feicke

1970 in Hamburg geboren, wo er heute noch lebt, arbeitet als Richter in Schleswig-Holstein. Er veröffentlicht Cartoons in diversen Tageszeitungen und Anthologien sowie im *Eulenspiegel*. Die Juristencartoons erscheinen monatlich in den juristischen Fachblättern *Deutsche Richterzeitung* und *RENOpraxis*.
www.feickecartoons.de

© Lappan Verlag in der Carlsen Verlag GmbH, Oldenburg / Hamburg 2016
ISBN 978-3-8303-4349-3

Alle Rechte vorbehalten. Das Werk darf – auch teilweise –
nur mit Genehmigung des Verlages wiedergegeben werden.

Lektorat: Dieter Schwalm
Herstellung: Ralf Wagner

Printed in Latvia

www.lappan.de

ERSTES DATE MIT JURISTEN.

RECHTSANWALT B. WAR MAL WIEDER AUF DER SUCHE NACH GERMANY'S NEXT TOP-ZEUGEN...

WARUM BÄRTIGE VERFASSUNGSRICHTER IN DER VORWEIHNACHTSZEIT FUSSGÄNGERZONEN MEIDEN SOLLTEN...

MANCHMAL, WENN KEINER GUCKTE, SCHALTETE RICHTER MEIER DEN VENTILATOR AUF HÖCHSTE STUFE UND TRÄUMTE VON EINEM AMTSGERICHT IN GOTHAM CITY...

FITNESSTRAINING IM NOTARIAT, ÜBUNG 1: DIE URKUNDENROLLE.

GERADE IN DER DUNKLEN JAHRESZEIT SOLLTE MAN MÄRCHENSTUNDEN GANZ GEMÜTLICH GENIESSEN...

> …UND DANN SAGTE ICH ZUM ANWALT: NATÜRLICH GEBE ICH HINWEISE! ABER ICH SCHREIBE IMMER 'URTEIL' DRÜBER!! HAR HAR!!

WENN MAN ZU LANGE IN EINEM SENAT SITZT, HAT MAN ALLE ANEKDOTEN SCHON EINMAL GEHÖRT.

DIE BEWEISAUFNAHME ZUR QUALITÄT
DES PARKETTS IN DER TANZSCHULE
MEIER ZOG SICH IN DIE LÄNGE...
RICHTERIN UND RECHTSANWALT
ENTSCHIEDEN SPONTAN, NACH DEM TANGO
NOCH EINEN FLAMENCO ZU TESTEN...

IN DER SAUNA...

DEUTSCHER RICHTER IM AUSLAND.

ICH WEISE NOCHMALS DARAUF HIN, DASS SIE SICH STRAFBAR MACHEN, WENN SIE VOR GERICHT FALSCH AUSSAGEN, HERR PINOCCHIO!
§§
FEICKE

LAAAAAAAÄÄÄIDIEEES AND GENTLEMÄÄÄN!!
LEEEET'S GET READY TO RUMBLE!!
PLEASE ENTER IN SAAL 4! IN THE KLÄGER'S CORNER:
THE UNDEFEATED CHAMPION OF ZIVILPROZESS!!
DOKTOOOR "ZPO-HAMMER"....
WARTEZONE
NUR BEI AUFRUF EINTRETEN!
SAAL 4
FEICKE

> ALSO, WIE SIE DEN BILDSCHIRM ANGESCHALTET HABEN, DAS WAR GAAANZ TOLL... SUUUPER!

VOR EINFÜHRUNG DER ELEKTRONISCHEN AKTE BESTEHT MANCHERORTS NOCH EIN WENIG SCHULUNGSBEDRAF...

REFERENDAR M. WAR JURISTISCH KEINE GROSSE LEUCHTE, ZEIGTE SICH ABER STETS BEMÜHT...

SIE BLEIBEN ALSO DABEI..?! DIE 200 NAGELNEUEN FLACHBILDSCHIRME IN IHRER GARAGE STAMMEN ALSO TATSÄCHLICH AUS EINER ELFENFABRIK AM NORDPOL??
FEICKE

SIE WOLLEN HIER RAUS, WEIL SIE DER RICHTER SIND? JA, NATÜRLICH... KEIN PROBLEM... WARTEN SIE BITTE DA DRÜBEN BEI DEN ANDEREN RICHTERN...

AUSGANG

FEICKE

WARUM BETREUUNGSRICHTER ZU ANHÖRUNGEN IN DER GESCHLOSSENEN PSYCHIATRIE IMMER IHREN DIENSTAUSWEIS MITNEHMEN SOLLTEN...

WIE RICHTER GEWECKT WERDEN.

IN UNSEREM SENAT GIBT ES KEINE JA-SAGER...
...WENN DER VORSITZENDE "NEIN" SAGT, SAGEN WIR AUCH "NEIN"!
FEICKE

DIE SPASSIGE SEITE DER ÜBERLASTUNG: AKTEN-JENGA.

DIE EIGENTLICHEN PROBLEME DES BETREUUNGSRECHTS LIEGEN IN DEN VERSTÄNDIGUNGSSCHWIERIGKEITEN MIT DEN MEDIZINISCHEN SACHVERSTÄNDIGEN.

AKTEN!! IMMER NUR AKTEN!! ICH BRAUCH' URLAUB, SONNE, LICHT!!
NOTAR
RENO
SCHAU AN! ES IST FRÜHLING... DIE AKTEN FLIEGEN TIEF!!
FEICKE

SIE HABEN ANSRUCH AUF EINEN PFLICHT-VERTEIDIGER!
OH, DANKE! ABER EIGENTLICH BRÄUCHTE ICH EHER EINEN ENTLASTUNGS-ZEUGEN...
HAFTRICHTER
FEICKE

WARTEZONE FÜR ÜBERRASCHUNGSZEUGEN

FERNSEH-RICHTER ALEXANDER HOLDT
VERHANDELT WIEDER...

HAST DU DAS GEHÖRT, GERDA? HIER HABE ICH MAL DAS LETZTE WORT!!
ANGEKLAGTER
FEICKE

VOLLJURIST

> ZU IHRER 50. VERURTEILUNG GRATULIERE ICH GANZ HERZLICH!!

ÜBER ALL DIE JAHRE HATTEN SICH DER VORSITZENDE UND DER ANGEKLAGTE RICHTIG ANEINANDER GEWÖHNT...

HERR STAATSANWALT! SIND SIE MIT IHRER HEUTIGEN LEISTUNG ZUFRIEDEN?
NUN GUT... DIE VERTEIDIGUNG HAT ÜBER 90 MINUTEN GEMAUERT... DIE STPO MUSSTE AN IHRE GRENZEN GEHEN... ABER AM ENDE HABEN WIR IHN DOCH NOCH REINGEMACHT! FÜR 2 JAHRE...
FEICKE

> MEIN KOMPLIZE? ICH BIN DOCH NICHT SO BLÖD UND VERPFEIF' MEINEN BRUDER..!

FEICKE

IMMER WENN ES IHM ZU EINFACH GEMACHT WURDE, FRAGTE SICH STAATSANWALTSCHAFT DR. MEIER, WOZU ER EIGENTLICH ALL DIE FORTBILDUNGEN IN VERNEHMUNGSPSYCHOLOGIE ABSOLVIERT HATTE.

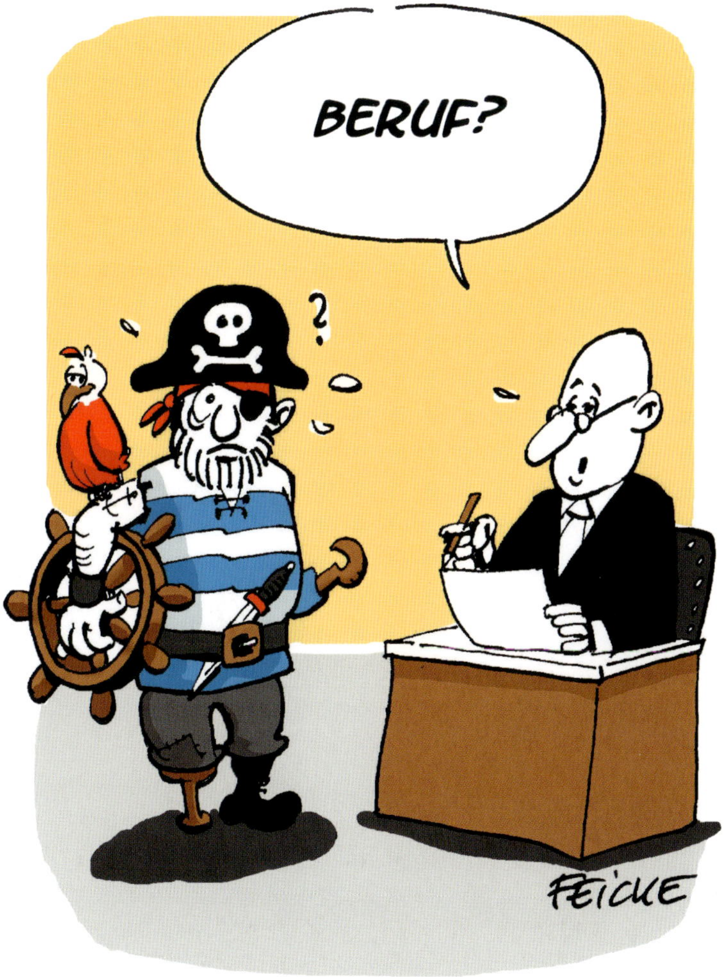
BERUF?
?
FEICKE

STIMMUNG IM SAAL!

Zum Saal 2
ICH FINDE, DIE BEFÖRDERUNG ZUM VORSITZENDEN RICHTER HAT IHN VERÄNDERT...
FEICKE

GUTEN TAG! WIR SIND VOM GERICHT UND WÜRDEN GERN MIT IHNEN ÜBER TREU UND GLAUBEN SPRECHEN...
BGB
FEICKE

JUHUU!!

ALS DER STREITWERT VERKÜNDET WURDE, MACHTE ANWALT MÜLLER VOR FREUDE EINEN GEBÜHRENSPRUNG...

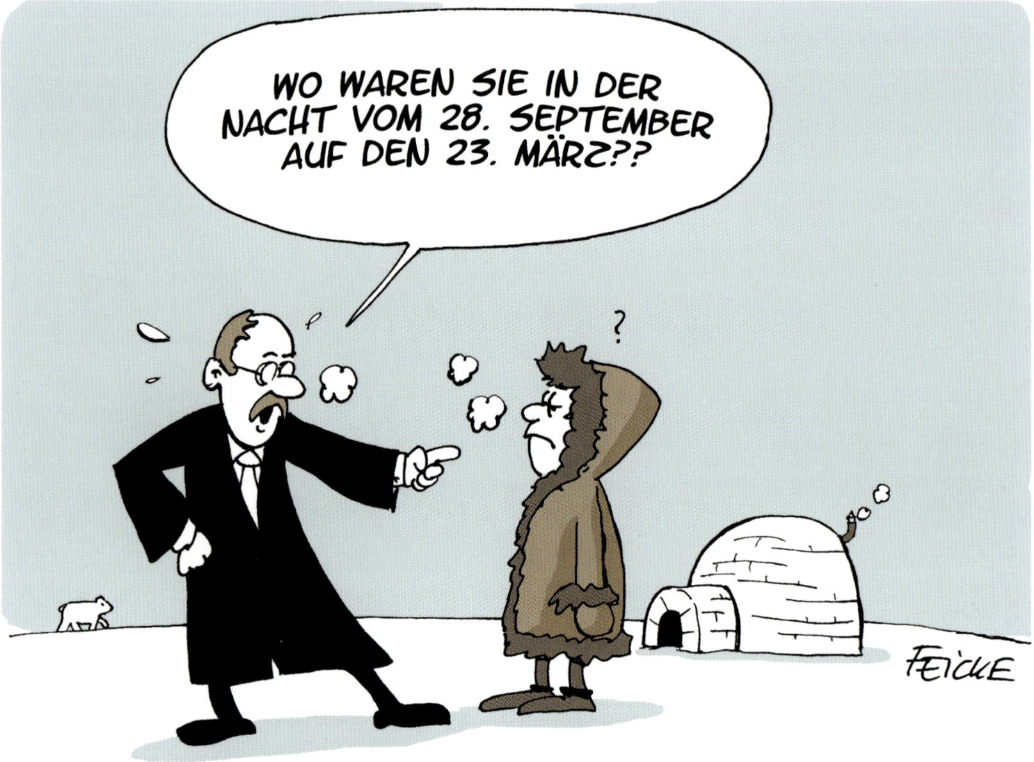

ZEUGENVERNEHMUNG AM NORDPOL

"ÄHM!? BEI DER FRAGE NEHME ICH DEN TELEFON-JOKER!"

ZEUGE

RICHTER H. HASSTE DIESE TV-GESCHÄDIGTEN SPASSVÖGEL.

NEUE JOBS: GERICHTSDOLMETSCHER FÜR JUGENDSPRACHE.

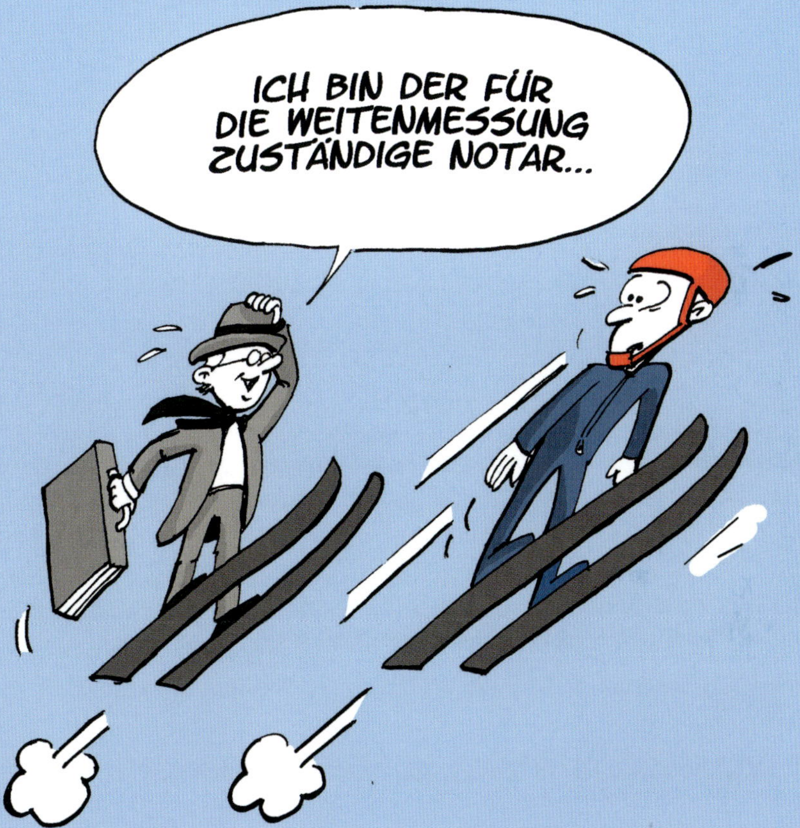
ICH BIN DER FÜR DIE WEITENMESSUNG ZUSTÄNDIGE NOTAR...

> SCHATZ, KÖNNTEST DU NICHT EINE KLITZEKLEINE STRAFTAT BEGEHEN, DAMIT ICH EIN BISSCHEN ERMITTELN KANN...?

STAATSANWÄLTE IM RUHESTAND

§130a ZPO ERMÖGLICHT DEN ELEKTRONISCHEN RECHTSVERKEHR. ALS RICHTER DR. MEIER SEINE ERSTE KLAGE PER E-MAIL ERHIELT, WURDEN SEINE SCHLIMMSTEN BEFÜRCHTUNGEN NOCH ÜBERTROFFEN.

DAS HAUPT-SMALLTALK-PROBLEM DER RECHTS-ANWALTS- UND NOTARFACHANGESTELLTEN.

ICH HOFFE, SIE HABEN AUCH DAS KLEINGEDRUCKTE AUF DEM WUNSCHZETTEL GELESEN?
WUNSCH ZETTEL
FEICKE

RICHTER IM URLAUB

WEISS EIGENTLICH IRGENDEINER DER ANWESENDEN NOCH, WORUM ES IN DIESEM FALL ÜBERHAUPT GING...?

EINE LANGE VERFAHRENSDAUER KANN ZU KONZENTRATIONSMÄNGELN FÜHREN...

BEI RÜCKENWIND KAUM EINZUHOLEN...

BÜCHER, DIE SPASS BRINGEN!

Ruhestand!
Cartoons von diversen Autoren
ISBN 978-3-8303-4377-6

Ärzte!
Cartoons von diversen Autoren
ISBN 978-3-8303-4353-0

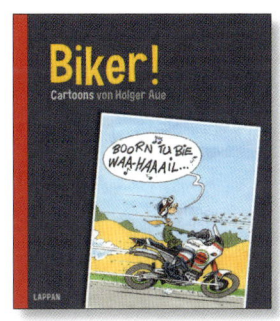

Biker!
Cartoons von Holger Aue
ISBN 978-3-8303-4349-3

Lehrer!
Cartoons von diversen Autoren
ISBN 978-3-8303-4323-3

Silberhochzeit!
Cartoons von diversen Autoren
ISBN 978-3-8303-4390-5

Enkelkinder!
Cartoons von Detlef Kersten
ISBN 978-3-8303-4343-1

Das böse Buch über Juristen
ISBN 978-3-8303-4318-9

Überleben a.d. Golfplatz
Peter Butschkow
ISBN 978-3-8303-4338-7

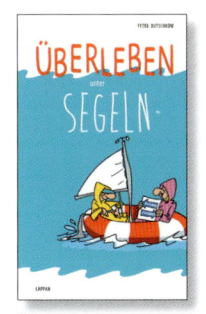

Überleben unter Segeln
Peter Butschkow
ISBN 978-3-8303-4375-2

Warum Verschwendung …
Chin Meyer
ISBN 978-3-8303-3403-3

lappan.de